yukismart.com/b/6bb076
AF364365
1
2

kat

kot

hond

pies

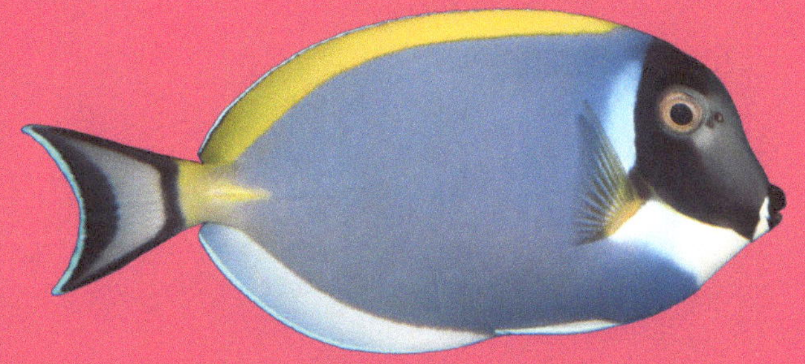

vis

ryba

vogel

ptak

kip

kura

haan

kogut

kuiken

pisklę

ei

jajko

koe

krowa

schaap

owca

varken

świnia

geit

koza

paard

koń

ezel

osioł

muis

mysz

konijn

królik

kalkoen

indyk

gans

gęś

pauw

paw

eend

kaczka

eendje

kaczątko

zwaan

łabędź

libel

ważka

vlieg

mucha

mier

mrówka

miereneter

mrówkojad

lieveheersbeestje

biedronka

aardworm

dżdżownica

naaktslak

ślimak

rups

gąsienica

slak

ślimak

vlinder

motyl

sprinkhaan

konik polny

bij

pszczoła

honing

miód

spin

pająk

gras

trawa

kever

chrząszcz

mug

komar

schorpioen

skorpion

hagedis

jaszczurka

schildpad

żółw

krab

krab

garnaal

krewetka

kreeft

homar

walvis

wieloryb

haai

rekin

pijlstaartrog

płaszczka

dolfijn

delfin

zee-egel

jeżowiec

kwal

meduza

inktvis

kałamarnica

zeester

rozgwiazda

zeemeeuw

mewa

zee

morze

pelikaan

pelikan

aalscholver

kormoran

schelpen

muszle

zand

piasek

olifant

słoń

zebra

zebra

giraffe

żyrafa

slang

wąż

krokodil

krokodyl

leeuw

lew

tijger

tygrys

nijlpaard

hipopotam

neushoorn

nosorożec

jachtluipaard

gepard

kameel

wielbłąd

antilope

antylopa

flamingo

flaming

struisvogel

struś

ooievaar

bocian

papegaai

papuga

gorilla

goryl

aap

małpa

koala

koala

panda

panda

kangoeroe

kangur

egel

jeż

eekhoorn

wiewiórka

wolf

wilk

vos

lis

wasbeer

szop pracz

beer

niedźwiedź

hert

jeleń

adelaar

orzeł

vleermuis

nietoperz

zwijn

dzik

kraai

wrona

uil

sowa

specht

dzięcioł

bunzing

tchórz

mol

kret

bever

bóbr

ijsbeer

niedźwiedź polarny

sneeuw

śnieg

pinguïn

pingwin

sneeuwuil

sowa śnieżna

bos

las

berg

góra

narwal

narwal

orka

orka

walrus

mors

zeehond

foka